AF337853

RELIGION
SAINT-SIMONIENNE.

PRÉDICATION DU 11 DÉCEMBRE;

PAR

ABEL TRANSON.

VUE GÉNÉRALE SUR LE NOUVEAU CARACTÈRE DE L'APOSTOLAT
SAINT-SIMONIEN. — MORALE INDIVIDUELLE.

ALLOCUTION

PRONONCÉE APRÈS LA PRÉDICATION,

PAR

P.-M. LAURENT.

PARIS,

AU BUREAU DU GLOBE,

RUE MONSIGNY. N° 6,

1831.

FONDATION
SMITH-LESOUËF

5749

G. Fénelon.

RELIGION
SAINT-SIMONIENNE.

PRÉDICATION DU 11 DÉCEMBRE;

PAR

ABEL TRANSON.

VUE GÉNÉRALE SUR LE NOUVEAU CARACTÈRE DE L'APOSTOLAT
SAINT-SIMONIEN. — MORALE INDIVIDUELLE.

ALLOCUTION

PRONONCÉE APRÈS LA PRÉDICATION,

PAR

P.-M. LAURENT.

PARIS,

AU BUREAU DU GLOBE,

RUE MONSIGNY. N° 6,

1831.

FONDATION
MITH-LESOUËF
5749

RELIGION
SAINT-SIMONIENNE.

PRÉDICATION DU 11 DÉCEMBRE;

PAR

ABEL TRANSON.

VUE GÉNÉRALE SUR LE NOUVEAU CARACTÈRE DE L'APOSTOLAT SAINT-SIMONIEN. — MORALE INDIVIDUELLE.

L'ère dans laquelle entre la société Saint-Simonienne, sous la direction suprême du père ENFANTIN, diffère complètement de celle que nous avons achevé de parcourir. Jusqu'à ces derniers temps les hautes questions d'économie politique, d'histoire, de religion, avaient été le but principal de nos travaux. L'étude du développement de l'humanité nous avait à la vérité conduits à ces conséquences importantes « que l'autorité qui dans les gouvernements religieux et politiques du passé avait toujours imposé à la société une règle commune et absolue, devait dans l'avenir revêtir une forme nouvelle, et rendre hommage à la liberté, à la personnalité de l'homme, en appliquant à chaque individu une moralisation particulière; que les beaux-arts, dont les inspirations fécondes ont fait l'éducation du genre humain, tendaient de plus en plus à devenir la première puissance sociale ; que l'industrie qui conserve, ainsi que l'a remarqué dans son dernier ouvrage historique un des plus illustres et des plus nobles défenseurs du passé, M. de Chateaubriand ; que l'industrie, qui conserve un dernier stigmate de son esclavage primitif dans la loi du *salaire* que le maître impose à l'ouvrier ou que l'ouvrier arrache au maître, sanctifiée par les croyances nouvelles, serait soumise à la loi de l'*association* ; et enfin que la femme, demeurée jusqu'à ce jour inférieure à l'homme, puisque sous la loi païenne elle était faite seulement pour le plaisir de l'homme, et que sous la loi chrétienne, selon la parole même de saint Paul, elle était seulement pour sa gloire ; que la femme serait à l'avenir l'égale et l'associée de l'homme, dans le temple, dans l'état et dans la famille. »

Tel a été le résultat de nos études et l'objet de nos enseignements ; et ce simple résumé doit suffire en réponse à ceux qui trouvent que nous avons tristement raison de montrer que la société croule de toutes parts, mais qui pensent qu'en signalant ce grand naufrage de tout l'ordre ancien nous avons eu le tort de n'offrir à l'humanité aucun port de salut.

Toutefois l'apostolat Saint-Simonien est entré dans une voie nouvelle : il ne nous suffit plus d'*enseigner*, nous allons *réaliser*. Ou, si vous voulez, nous n'enseignerons plus le monde seulement par des paroles, mais aussi par des œuvres. A la face d'un monde où l'art, l'industrie et la femme sont trop souvent au service et à la merci de l'ignorance, de l'incapacité et du vice, nous allons installer religieusement parmi nous les artistes, les industriels et les femmes. L'œuvre d'annonciation, poursuivie sans relâche depuis la mort de SAINT-SIMON, va commencer pour les nations étrangères ; en France elle est suffisamment avancée pour que nous puissions passer outre. Fonder le culte, organiser l'industrie, donner aux femmes qui déjà sont avec nous et à celles qui nous approchent la force qui leur est néce   pour unir leur inspiration et leur voix à la nôtre, afin de produire et de proclamer une nouvelle morale individuelle : telle est l'œuvre immédiate que nous nous proposons.

Pour obtenir le plus rapide accomplissement de cette œuvre la hiérarchie Saint-Simonienne a dû subir une transformation importante. Et cette transformation n'a pu se réaliser que par une crise douloureuse, par l'éloignement de celui qui partagea long-temps avec notre père suprême le gouvernement de la société naissante. Plusieurs aussi qui avaient contribué pour une belle part à nos travaux apostoliques de tout genre se sont séparés de nous, effrayés qu'ils étaient des termes mêmes dans lesquels le nouveau progrès est appelé.

Parceque ma foi comme la leur un instant s'est trouvée en défaut; parceque comme eux j'ai renié, moi aussi, celui à qui je dois pourtant plus qu'aucun d'eux peut-être; car je lui dois tout ce que je sais de Dieu et ce que je puis valoir aujourd'hui pour l'humanité; car la vie m'échappait et il me l'a rendue, et il m'en a donné une pleine de gloire et de bonheur; parceque, moi aussi, je vous ai renié un instant, c'est pourquoi je vous dois, mon père, et je dois à tous ceux de votre famille ici présente, à ceux surtout qui, malgré leur présence, nous sont encore absents de cœur, je dois à tous et je dois à moi-même de montrer comment aujourd'hui plus que jamais ma conscience est assurée et ma foi affermie. (*Applaudissements.*)

Nous ne nous sommes jamais présentés comme les hommes de la perfection, mais seulement comme les hommes du progrès. Si donc quelque chose manque à notre force, à notre sagesse, à notre moralité, nous ne refuserons pas d'en faire l'aveu. Seulement lorsque nous venons dire naïvement ce qui nous manque, nous ne reconnaissons à personne le droit de rabaisser notre passé. Car, si nous arrivons aujourd'hui à pouvoir rallier à nous une foule d'hommes de qui jusque là nous restions incompris, c'est qu'apparemment nous avons fait pour atteindre à ce résultat ce que nous devions faire.

Ainsi, dans l'ère nouvelle où nous entrons, nous réclamons le secours des artistes pour donner à notre apostolat une forme plus vivante, reconnaissant que jusqu'ici nos formes ont été plutôt scientifiques et philosophiques que religieuses. Mais ce n'est pas en vain que nous avons été jusqu'ici des *docteurs*. Le monde où nous étions n'avait foi qu'à la science : nous avons dû lui parler son langage. Ce n'est pas en vain que les apôtres de SAINT-SIMON sont sortis pour la plupart des premières écoles de France et d'Allemagne. Il fallait pouvoir dire aux hommes de notre époque : « Nous aussi nous avons pénétré toutes les profondeurs de la science, et nous en rapportons cette unique vérité : c'est qu'en dehors du sentiment religieux la science est sans appui pour remuer le monde. » (*Sensation.*)

Notre politique aussi va se modifier. Et pourtant nous ne voulons pas pour notre politique présente répudier notre politique passée. Nous venons instituer en France la monarchie industrielle, comme Charlemagne a institué la monarchie militaire. C'est la transfiguration du pouvoir temporel. Mais pour Charlemagne le plus puissant moyen de succès c'était la guerre ; le plus puissant pour nous c'est la paix. Ainsi nous allons prêcher la paix. Nous prêcherons la paix, ayant la foi qu'à l'abri de la paix seulement le travail industriel peut être organisé en France ; ayant la foi que l'organisation religieuse du trav ʼ industriel peut seule prévenir ou faire cesser la guerre qui déjà gronde entre les bourgeois et les prolétaires, entre les maîtres et les ouvriers, entre ceux qui possèdent et ceux qui ne possèdent pas; ayant la foi que l'alliance sincère de ces deux classes aujourd'hui profondément ennemies peut seule donner à la France la puissance morale qui lui est nécessaire pour accomplir, à l'égard des nations, sa mission providentielle ; et sa mission, nous l'avons déjà proclamée, et nous ne cesserons de l'annoncer au monde; sa mission, c'est de s'unir d'amour et d'intérêt à l'Angleterre pour régénérer l'Espagne, délivrer l'Italie, affranchir l'Allemagne, rétablir la Pologne, et faire tourner visage à la Russie vers l'Orient. Donc nous prêcherons la paix ! Mais ne craignez pas de nous voir jamais incliner notre bannière devant celle où est écrite la maxime profondément irréligieuse de la *paix à tout prix* et du *chacun chez soi, chacun son droit.* (*Applaudissements.*)

Au reste, mon objet principal n'est pas de développer et de justifier devant vous notre politique ; j'arrive à vous parler de la morale individuelle.

Des hommes s'être depuis deux ans répandus par la France en se proclamant apôtres d'une religion nouvelle, apôtres de la religion définitive et universelle, et venir après confesser publiquement qu'ils ne savent pas encore la morale de l'avenir! assurément c'est un spectacle étrange au monde. Qu'en présence d'un pareil aveu plusieurs reculent épouvantés, je le conçois ; mais pour en bien juger, écoutez et voyez vous-mêmes.

Une question générale embrasse et domine toutes les autres. Comment , sans connaître encore la morale de l'avenir, comment adopter des enfants et se charger de leur éducation ; comment associer des individus, comment enfin pouvoir *moraliser* le monde ; et même la loi morale étant supposée, c'est-à-dire la science du bien et du mal étant produite, comment faire à chacun éviter le mal et pratiquer le bien ? ce fut une des plus hautes fonctions des anciens sacerdoces. Comment le prêtre de l'avenir obtiendra-t-il un pareil résultat? Je vais tâcher de vous éclaircir ces questions.

L'homme est susceptible de se passionner pour le maintien des lois générales promulguées par le législateur et par lui recommandées au respect et à l'observation de tous. Sans remonter bien haut dans le passé pour justifier cette assertion, les quarante années qui viennent de s'écouler offrent d'assez nombreux témoignages de cet amour de l'humanité pour la *loi écrite*, depuis le serment du Jeu-de-Paume où le tiers-état jurait, quoi qu'il pût arriver, d'achever la constitution, jusqu'aux jours de juillet où le peuple s'est jeté à la mitraille aux cris de *Vive la Charte!* Mais l'humanité se passionne aussi d'obéissance aux volontés et de dévouement à la personne de ceux qu'elle sent supérieurs à leurs contemporains et qu'elle reconnaît pour chefs. Napoléon soumettant à son génie et ralliant à sa fortune un peuple entier naguère encore ivre de liberté et d'égalité, Napoléon dans les temps modernes est un frappant exemple de ces êtres à part, véritables *lois vivantes* que l'humanité accepte avec enthousiasme.

Ainsi l'homme est porté à régler ses actions sur la volonté de la loi écrite et sur celle de la loi vivante. Mais dans les temps de révolutions, dans les époques critiques, irréligieuses, il y a toujours lutte entre ces deux principes. L'humanité, dans ces époques, étant toujours en danger de tomber dans la servitude ou bien dans la licence, toute loi écrite devient la négation formelle de toute autorité suprême dans les personnes, c'est-à-dire la négation de toute loi vivante, et aussi nul homme ne peut atteindre le pouvoir qu'en annulant toute constitution, toute loi écrite. Ceci est vrai dans l'ordre moral comme dans l'ordre politique. Car le caractère du protestantisme religieux ou moral a été de laisser le *fidèle* seul, et sans autre *directeur* que l'Evangile pour le moraliser, comme le caractère du libéralisme, c'est-à-dire du protestantisme politique a été de n'offrir au *citoyen* d'autre secours dans l'accomplissement de ses devoirs que la lecture assidue du code et l'étude approfondie de la Charte. Le despotisme moral avait aussi le même caractère que le despotisme politique ; c'était, dans le prêtre comme dans le souverain, l'oubli de toute loi divine et le mépris de toute dignité humaine. C'était la violence de l'inquisiteur ou le mensonge du jésuite.

Dans les temps religieux au contraire, la loi écrite et la loi vivante, c'est-à-dire le prêtre, sont unies et s'appuient mutuellement pour édifier et moraliser le fidèle. Depuis Jésus jusqu'aux temps où l'épuisement du principe catholique provoqua la protestation de Luther, l'Evangile était pour la société chrétienne une règle de conduite autrement sacrée que nos chartes politiques, et en même temps le chef de l'église, par le moyen de son clergé, tenait en sa main la conscience de tous les fidèles pour les diriger selon l'urgence des temps et les besoins de la chrétienté.

Toutefois en vous rappelant ce merveilleux accord de la loi écrite et de la loi vivante, de l'Evangile et du prêtre, je n'ai pas encore dit tout le secret de la puissance qu'avait la foi chrétienne pour moraliser les individus. Je ne vous ai pas montré surtout comment, par le christianisme, l'autorité a pu revêtir un caractère de sainteté, et l'obéissance une noblesse et une dignité que les temps anciens n'avaient pas connues. Le chrétien était pénétré jusqu'aux profondeurs de son être du sentiment intime de la présence réelle de son Dieu : en tous lieux, à tout heure, parmi le tumulte des jours et dans le silence des nuits, il portait en son cœur un Dieu toujours présent, toujours juste et sévère. C'était là la sublime et dernière raison de la moralité du prêtre. En présence de l'Evangile, aux pieds du confesseur, c'est là la force irrésistible qui faisait expirer le mensonge aux lèvres du pécheur. Au milieu des hordes sauvages et des forêts du nouveau monde, c'était la foi profonde à la présence de son Dieu qui rendait le missionnaire chrétien invincible à toute fatigue, à toute privation. C'est elle, pourvu qu'il eût seulement acquis quelques âmes au Christ, qui lui faisait affronter la mort avec calme ; non pas sur un champ de bataille, au milieu des fanfares de la gloire, la mort brillante du soldat ; non pas sur un échafaud glorieux, à la face de tout un peuple ému, la mort ambitieuse du citoyen ; mais la mort au désert, la mort seule, ignorée, et comme d'un pesant linceul toute couverte à l'avance d'un éternel oubli. (*Impression profonde.*)

Abnégation sublime! dévouement ignoré de notre âge! vertus chrétiennes, vous serez dépassées par les vertus de l'avenir!

Pour suivre ma pensée, retenez seulement que la loi vivante, c'est-à-dire le prêtre, la loi écrite et la foi à la *présence* de Dieu (qui renferme implicitement la foi à la perpétuité de la vie), concouraient et suffisaient à maintenir le chrétien dans son devoir. Maintenant il me sera facile de vous montrer comment la moralité Saint-Simonienne sera supérieure à la moralité chrétienne, et comment dès aujourd'hui il y a en nous, et en nous seuls une véritable puissance de *moralisation*, et par conséquent le droit, le devoir et le pouvoir d'*élever* des enfants et d'*associer* des hommes. (*Applaudissements.*)

Le Saint-Simonien observe religieusement la loi écrite; il rend hommage aussi à la loi vivante; il est rempli d'amour et de dévouement pour le chef de la Société, car ce chef est à ses yeux la plus haute et la plus belle manifestation de Dieu dans l'humanité; et il sent aussi en lui-même Dieu présent. Mais ces trois formes du sentiment Saint-Simonien diffèrent essentiellement de celles que j'ai signalées dans le chrétien.

La loi de l'humanité, selon la foi Saint-Simonienne, n'est plus la chute avec l'expiation et la rédemption, c'est le progrès continu vers l'association universelle. Sous l'idée du progrès la *loi écrite* prend un caractère nouveau ; car la science du bien et du mal étant *progressive*, la révélation de la morale sociale et de la morale individuelle se produisant *successivement* dans l'humanité, aucun texte ne sera plus considéré, ainsi que l'Evangile l'a été par les chrétiens, comme offrant la dernière expression de la loi divine ou humaine. Les livres saints ne seront jamais terminés. Il y aura toujours des feuillets vierges pour écrire les vérités réservées à l'avenir. Et comprenez bien qu'ainsi la foi à la loi écrite n'est pas diminuée. Autant et plus que les préceptes de l'Evangile aient été jamais respectés on respectera ces grandes lois *écrites* par Saint-Simon et par ses successeurs: « Que » toute institution sociale doit avoir pour but l'amélioration de la classe » la plus nombreuse. — Que tous les priviléges de la naissance seront » abolis. — Qu'il doit être à chacun donné selon sa capacité et suivant » ses œuvres. — Que l'individu social c'est l'homme et la femme. »

Mais à la vérité cette manière d'envisager la loi donne un tout autre caractère au prêtre suprême, au chef de la société, à celui qui s'inspire de toutes les joies et de toutes les douleurs de l'humanité. Celui-là n'a pas, comme le prêtre du passé, sa puissance limitée au règlement temporaire de la discipline, ou même à l'interprétation et au développement des révélations antérieures. Lui-même il perfectionne la science du bien et du mal, il révèle incessamment au monde de nouvelles vertus et des devoirs nouveaux.

Le sentiment religieux, la foi à la présence réelle de Dieu, sera aussi dans la société Saint-Simonienne la dernière raison de la moralité du prêtre et le ferme soutien du fidèle. Mais « la SAINTETÉ, la »*religion*, l'*amour*, la *vie*, ne se manifestent pas dans le Saint-Simo- »nien comme dans le chrétien, par une extase mystique qui mette »en rapport l'homme et un Dieu hors de l'homme ; elles se mani- »festent par l'union incessamment et progressivement resserrée de »l'homme avec tout ce qui est hors de lui » (1). Le chrétien qui dans la solitude retrouvait son Dieu tout entier devant lui, qui *portait en lui l'infini*, le chrétien sans doute était par là poussé à faire de grandes choses. Mais cette foi aussi était pleine du danger trop réel de pousser l'homme dans l'isolement et dans le mépris de toute affection terrestre, de tout intérêt social. Cette foi n'allait à rien moins qu'à détruire dans l'humanité le désir de la gloire, ce sentiment si puissant et si beau où le christianisme n'a su voir qu'un vestige de l'orgueil auquel il attribuait la perte du monde.

« Le Dieu du Saint-Simonien est tout ce qui est. Tout est en lui, tout est par lui. — Nul de nous n'est hors de lui. — Mais aucun de nous n'est lui. — Chacun de nous vit de sa vie, — et tous nous communions en lui ; — car il est TOUT CE QUI EST » (2).

Nul de nous n'est hors de lui! c'est là le sentiment qui dans l'homme exaltera sa dignité personnelle, qui partout lui fera, dans le monde et dans la société des hommes, dans son commandement comme dans son obéissance, respecter en lui-même la manifestation du Dieu vivant.

Mais aucun de nous n'est lui! c'est là le sentiment qui, rappelant

(1) Lettre du père ENFANTIN à François et Peiffer.
(2) Paroles du père ENFANTIN : communion générale du 8 janvier 1834.

sans cesse au Saint-Simonien la place qu'il occupe au sein de l'infini, le sauvera du culte exclusif de l'honneur et de la conscience, de cette exagération de la personnalité qui, faute de sentir ses rapports avec tout ce qui n'est pas elle, tombe inévitablement dans la sauvagerie et l'irréligion.

Dieu est tout ce qui est! nul de nous n'est hors de lui! c'est la justification de l'exaltation païenne et de la noble fierté militaire;

Mais aucun de nous n'est lui; c'est la justification de la sainte humilité chrétienne.

Et chacun de nous vit de sa vie, et tous nous communions en lui; car il est tout ce qui est : c'est l'expression du sentiment religieux Saint-Simonien qui résume et comprend tous les sentiments généreux de l'humanité!

Et maintenant, puisque le principe chrétien et le principe féodal sont également épuisés; puisque la vertu du Christ s'éteint chaque jour dans un protestantisme sans vigueur et dans un catholicisme en décrépitude, et que la vertu de César, un instant ranimée par le génie de Bonaparte, a perdu son prestige, forcée de reculer pendant trois jours et de mettre enfin bas les armes devant les travailleurs pacifiques, quel homme viendra rendre à ces grands débris une nouvelle vie? Ah! les temps sont pressants et propices. Le voile du temple est déchiré; le sanctuaire est vide; les oracles sont muets; et le trône est brisé; les rois sont partis; les héros morts : la terre en silence attend un sauveur! (*Impression prolongée.*)

Il faut ici vous présenter la vive image du prêtre de l'avenir; mais je sens que je succombe à la grandeur de ma tâche; je ne puis plus qu'emprunter une parole plus grande que la mienne et m'en faire l'écho.

« Le prêtre de l'avenir ne sera pas le prêtre de Thèbes et de Memphis; notre sacerdoce n'est pas celui de Moïse; notre clergé n'est pas le clergé chrétien; car la *figure* du prêtre n'a été que grossièrement ébauchée par l'antiquité, en Egypte et dans l'Inde, en Grèce et dans la Judée même. Et le Christ voilant les formes orgueilleuses et brutales du prêtre antique sous des nuages de mysticisme et d'abstinence, le Christ a dû dire, portant sa croix, flagellé, mortifié dans tous les points de *sa chair* : « Voilà le prêtre, voilà l'homme : ECCE HOMO »; mais ce n'est pas là l'Homme, le prêtre de l'avenir.

» **Plus fier** et plus ardent que le prêtre du Dieu des armées, de Jéhovah, que le ministre du culte sanglant de Mars et de Bellone ; mais aussi plus tendre et plus compatissant qu'un apôtre de la loi *sévère* du Christ, de cette loi qui a des peines *éternelles*, et qui sans cesse menace l'homme de lui ôter *jusqu'à l'espérance* ; embrassant dans son amour, non plus un seul peuple, une seule race, mais l'humanité entière ; non plus un seul aspect de la vie, *l'esprit*, mais aussi la *chair* qui sera sanctifiée par la paix du monde comme l'esprit fut sanctifié par la paix de l'église ; enfin plus *glorieux* que César, plus *humble* que l'*infaillible* vicaire du Christ ; surtout plus aimant qu'eux, parcequ'il est le père *spirituel* et *temporel* de tous les hommes, voilà le pontife-roi de l'avenir, voilà le prêtre et voilà l'homme : ecce homo » (1). (*Sensation profonde.*)

Par ces paroles vous pouvez pressentir en quoi consistera l'action du prêtre Saint-Simonien sur le fidèle, et juger de la vérité de ce que je vous ai dit en annonçant qu'il y avait déjà en nous et en nous seuls une véritable puissance de moralisation. L'action sacerdotale sera double : elle consistera à exalter sans cesse dans l'individu le sentiment de sa force et de sa valeur personnelle : *mais aussi* à lui faire sentir toute la force et la valeur des autres, lui montrant en eux les qualités qui lui manquent.

A la vérité cette action sacerdotale ne peut être exercée parmi nous que d'une façon très incomplète, car dans une société pacifique la parole de la femme est nécessaire pour donner à l'éloge tout son prix ; elle est nécessaire surtout pour faire accepter la réprimande et le châtiment. Or la femme de l'avenir, la femme-prêtre nous manque encore. Et c'est pour cela que l'ère nouvelle de l'apostolat Saint-Simonien se présente sous une de ses faces comme un appel direct aux femmes. Mais dans cet appel des femmes à l'émancipation, dans cette négation de la morale chrétienne en ce qui regarde le rapport des sexes, il y a quelque chose de trop hardi et qui présente trop matière à de fausses interprétations pour ne pas exiger de notre part des explications nombreuses. J'en ferai le sujet de ma première prédication. (*Nouveaux applaudissements.*)

(1) Article du père Enfantin dans le *Globe* du 18 juin 1831.,

ALLOCUTION PRONONCÉE

PAR

P. -M. LAURENT,

APRÈS LA PRÉDICATION D'ABEL TRANSON, LE 11 DÉCEMBRE.

—

Enfants de Saint-Simon,

J'ai souvent glorifié devant vous et avec vous le nom de notre Maître pour la propagation rapide de sa doctrine. Je vous le montrais, il y a peu de temps, passant de l'obscurité solitaire à l'apothéose et à l'immortalité, et j'opposais avec un saint orgueil le tableau de notre agrandissement et les progrès de notre association religieuse au spectacle de la discorde, de la haine, du découragement, de l'incertitude et de toutes les misères qui affligent le monde chrétien et le monde philosophique dont nous sommes entourés. Mais voilà que tout-à-coup, au sein de la société apostolique qui s'était posée en face des peuples et des rois avec la prétention audacieuse de faire cesser le doute, l'antagonisme et la guerre, et de réconcilier le riche et le pauvre, l'incrédule et le superstitieux, le courtisan et le démagogue, sous l'empire d'une foi nouvelle et commune qui devait les faire vivre tous de la même vie, les éclairer de la même lumière, les faire participer au même bonheur ; voilà qu'au sein de cette société qui se disait dépositaire des espérances pacifiques de l'humanité, l'esprit de lutte, de controverse et de division est venu déployer sa bannière. Des protestations solennelles, véhémentes, amères, ont constaté que l'union n'existait plus parmi les hommes qui s'étaient donné ou qui avaient accepté la tâche de préparer l'association universelle. Aux sarcasmes des esprits forts, aux rires des gens du monde, aux malédictions des croyants d'un autre âge, ont succédé les attaques intestines, plus graves et non moins violentes que celles du dehors ; et alors nos détracteurs de tous les partis et de tous les rangs, irrités ou étonnés jusque là de nous avoir vus survivre à leurs accusations diverses, se sont hâtés de tressaillir à l'envi comme à l'annonce de nos prochaines funérailles, et de s'écrier simultanément : « Jetez, jetez enfin le linceul funèbre sur ce mourant que nous avions en vain accablé de ridicule ou de calomnies ; il vient de se frapper lui-même, il périt de ses propres mains ! »

Le linceul funèbre !.... Mais où donc est le cadavre ? C'est nous que l'on a crus morts, et morts d'un suicide ! Mais ne sait-on pas qu'il n'y a que ceux qui ont perdu toute foi et toute espérance en Dieu, en l'humanité, en eux-mêmes, qui puissent finir par un crime et s'abîmer dans le néant ? Or qui croit et qui espère plus que nous, sur cette terre que la déception et le doute couvrent de ravages et de désolation ? Et en quel moment notre conviction se montrat-elle plus profonde, nos espérances plus grandes, notre parole plus animée, notre vie religieuse plus éclatante, plus active et mieux sentie, que depuis la crise violente que la frivolité vulgaire a prise trop précipitamment pour le symptôme d'une agonie convulsive ? Ah ! si toutes les fois que de tristes prophéties ont retenti autour de nous et contre nous, le sentiment de la grandeur de notre œuvre et la conscience de nos forces pour l'accomplir nous ont permis de démentir victorieusement les augures du catholicisme et les présages de la philosophie, avec combien plus de hardiesse nous pouvons passer à travers les prédictions sinistres, aujourd'hui que la société Saint-Simonienne a rendu témoignage de sa vitalité puissante, non plus comme autrefois en repoussant sans efforts l'ignorance calomniatrice ou la légèreté moqueuse, mais en poursuivant, tantôt calme et tantôt impétueuse, et toujours inébranlable, toujours sûre d'elle-même ; en poursuivant fièrement sa marche, malgré les cris de halte poussés devant elle, ou au milieu d'elle, par des hommes dont elle avait l'habitude d'écouter docilement la voix, et en qui elle avait placé jusque là la moitié de son existence! Ce n'était pas seulement en jetant sur son passage des paroles de pitié aux pygmées bouffons sortis du milieu de ses débiles adversaires, qu'elle pouvait manifester sa nature vivace et justifier ses prétentions à la supériorité sur le monde, qu'elle s'était donné mission de convertir; il lui fallait rencontrer en face des géants de science et de volonté, ayant appris d'elle le secret de la sagesse et de la force nouvelle, pour qu'elle pût attester avec éclat tout ce qu'elle portait d'avenir en son sein. Cette occasion solennelle ne lui a pas manqué; et, de quelque douleur que soit accompagnée une lutte domestique, nous devons remercier la Providence, qui arrange tout si merveilleusement pour le progrès, de ce qu'elle a suscité contre nous des athlètes vigoureux nourris de cette doctrine, dont on peut dire, comme Bossuet de celle de Jésus, qu'*elle est tout à la fois du lait pour les enfants et du pain pour les forts.* Nous devons remercier l'intelligence souveraine qui préside à nos destinées, de nous avoir mis en présence des seuls hommes et des seuls obstacles que nous pussions rencontrer sur un théâtre assez élevé et assez vaste pour y déployer toutes nos forces et mieux que jamais montrer qui nous sommes!...

Oui, quelque déplorables que soient le schisme et l'hérésie, loin d'y voir, avec les esprits superficiels, un signe de décadence, ne craignons pas de les présenter comme une manifestation de puissance et un gage de durée pour notre doctrine. On ne se sépare pas, on ne se dénonce pas, on ne proteste pas là où règnent officiellement un optimisme de commande ou une harmonie d'apparat, là où la vie manque d'intensité et de profondeur; et je ne sache pas que jamais scission ou perturbation bien vive ait éclaté à propos d'un changement de statuts ou d'un renouvellement de bureau, dans le sein des sociétés littéraires ou philantropiques dont le monde est encombré. Le schisme et l'hérésie ne naissent qu'à côté ou en face d'une grande vérité, que là où l'on se passionne pour la vérité. C'est l'histoire de tous les temps, des époques d'organisation et des époques de destruction: pour s'en convaincre, il ne faut qu'ouvrir les fastes du christianisme et ceux de la révolution française.

Du vivant même des apôtres la division s'éleva parmi les chrétiens de la Judée. Un concile général fut réuni à Jérusalem, et l'église naissante dut aux erreurs de quelques uns de ses enfants, de se poser pour la première fois avec éclat en face des juifs et des gentils.

Plus tard les plus célèbres apologistes du christianisme, Tertullien et Origène, après avoir terrassé les ennemis de l'Évangile, après avoir triomphé des philosophes et des prêtres du paganisme, laissèrent soupçonner leur croyance, et purent tomber dans l'hétérodoxie sans que la doctrine du Christ, alors dépositaire du progrès, fût arrêtée dans son développement rapide. N'oublions pas non plus que l'hérésie d'Arius fit la grandeur d'Athanase, et qu'elle provoqua le fameux symbole qui pendant tant de siècles servit d'acte de foi au genre humain. N'oublions pas que sans les Donat et les Pélasge nous n'aurions pas connu toute la force et la sublimité des Augustin et des Jérôme, et que ce fut toujours contre les adversaires sortis de son sein, contre les penseurs nourris de sa théologie, que le catholicisme déploya toute sa puissance et obtint ses plus beaux succès.

J'en dirai autant de la philosophie critique, de la doctrine libérale qui fit la révolution française. Ce n'était rien pour elle d'avoir fait jurer la promesse d'une constitution au Jeu-de-Paume, d'avoir démoli une prison d'état qui tombait en ruines, brûlé des titres nobiliaires sans considération et sans valeur dans l'opinion publique ; c'était contre les promoteurs mêmes du serment patriotique, contre les vainqueurs de la Bastille, contre les sacrificateurs de la féodalité, contre les illustrations qu'elle avait produites, contre les popularités immenses qu'elle avait créées, qu'elle devait montrer tout ce qu'il y avait d'irrésistible et de prodigieux en elle. Ainsi jamais son caractère providentiel et son génie invincible n'apparurent avec plus d'évidence et ne frappèrent davantage les esprits élevés, que lorsque le vulgaire, alarmé et trompé par le spectacle des divisions croissantes et des épurations successives, crut fermement que la révolution ferait comme Saturne, et qu'elle se laisserait détrôner après avoir dévoré tous ses enfants, parceque tous ses enfants n'étaient pas également capables de marcher aussi vite qu'elle. Facilement victorieuse d'un trône chancelant, d'une noblesse discréditée et d'un clergé aux abois, elle ne prit réellement son attitude majestueuse et terrible, elle ne révéla la force indomptable attachée à la cause du progrès, que lorsqu'elle sembla se frapper elle-même dans ses membres les plus vigoureux; lorsqu'elle n'eut plus seulement à renverser d'un souffle les nains épuisés de la vieille monarchie, mais à combattre les hommes à proportions colossales qu'elle-même avait enfantés, c'est-à-dire lorsqu'il lui fallut contraindre Mounier à l'exil, dépopulariser Mirabeau, condamner Barnave, proscrire Lafayette, immoler Vergniaud, et porter la main jusque sur le roi des halles, frapper Danton!

Mais si la révolution, s'accomplissant sous l'influence d'idées subversives et de passions désorganisatrices, fut impitoyable envers ceux de ses enfants qui craignirent de suivre jusqu'au bout sa périlleuse carrière; si le christianisme, avec son dogme de l'esprit et de la chair, du paradis et de l'enfer, des élus et des réprouvés, n'eut que des anathèmes et des malédictions pour ses schismatiques et ses hérésiarques, il ne doit pas en être ainsi de la doctrine de la paix et de l'unité, de la société qui ne croit plus ni à Satan ni à César, de la religion qui n'admet plus ni imprécations ni sacrifices. A tous ceux qui, depuis la mort de Saint-Simon, se sont éloignés successivement de nous dans des dispositions plus ou moins hostiles, à tous nous rendons hommage pour le passé et nous adressons des vœux de réconciliation pour l'avenir. Je rends surtout cet hommmage et j'adresse ces vœux à celui qui, placé pendant deux ans à côté de notre chef suprême, a contribué si puissamment à nos progrès, et dont le nom, glorieusement attaché à nos premières douleurs et à nos premières joies, conserverait ou accroîtrait bien mieux son éclat au second rang de la hiérarchie Saint-Simonienne, qu'à la tête des plus énergiques *protestants*. S'il était là, sans être le premier, la reconnaissance, le respect et la tendresse filiale d'une famille nombreuse qui a foi qu'elle représente l'humanité tout entière, lui feraient sentir plus que jamais sa suprématie; il serait le père de tous, moins deux hommes, et dans sa retraite il n'a plus de fils !.... Enfants de Saint-Simon, tous nous lui devons trop pour que la pensée de son isolement ne soit pas pour nous remplie d'amertume.....

Eh qui oserait douter ici de la sincérité des sentiments que j'exprime? On le sait, car je l'ai déclaré hautement en plus d'une occasion, mes relations, mes affections personnelles étaient presque toutes avec ceux de mes frères qui ne sont plus à mes côtés. L'un d'eux, celui dont la parole a été la plus véhémente, a donné dans sa protestation un souvenir à notre franche amitié. Certes je n'ai pas été insensible à ce témoignage public d'un attachement qu'une séparation déplorable n'a point attiédi; mais je me croirais indigne de l'apostolat si des considérations particulières avaient pu me faire hésiter d'entrer dans la voie où ma conscience m'appelait; et dès lors maitrisant les douleurs d'une fraternité violemment brisée, j'ai dit comme le poète qui, placé entre l'amitié et sa conviction, opta courageusement pour ce qui lui paraissait le plus juste et le plus vrai.

Comment se fait-il maintenant que la vérité m'ait apparu, à moi si jaloux de mon indépendance et de ma spontanéité, là où tant d'autres ont aperçu le despotisme ingénieux de l'amour et le servilisme dégoûtant de la volupté? Écoutez :

Si le jour où, après dix ans d'études et de travaux philosophiques, historiques et politiques; après dix ans pleins d'activité et de dévouement, mais vides de résultat, la loi du progrès, annoncée par Saint-Simon, s'offrit à moi comme une explication magnifique du chaos que me présentait l'histoire du passé, comme une consolation des angoisses du présent, et comme une boussole infaillible à travers l'océan d'incertitude que ma vue apercevait dans l'avenir; si ce jour-là un homme fût venu me dire : « Cette espèce humaine, dont la destination nous semble si belle et la perfectibilité si incontestable; cette humanité qui vous paraît avoir élargi, épuré incessamment le cercle de ses affections, de ses lumières et de sa puissance, n'a franchi l'intervalle immense qui la sépare de la sauvagerie primitive, n'a répudié les obscénités païennes, les macérations du christianisme, les fraudes jésuitiques, les orgies de l'incrédulité, que pour manifester son avènement à la connaissance de sa nature progessive en se précipitant dans un gouffre de séduction, d'idolâtrie et d'immoralité », j'aurais dit à cet homme : « Malheur à vous, à qui l'ignorance des destinées de l'humanité inspire de si vives alarmes et dicte de si sombres prédictions! » Et je me serais empressé d'initier à ma foi le malheureux prophète.

Mais que dire à ceux qui ont connu, professé, prêché la loi du progrès, et qui, appréhendant tout-à-coup que l'humanité ne fasse consister son perfectionnement moral à échanger sa liberté contre un licencieux esclavage, consentent à garder l'autorité coercitive du passé, de peur que l'autorité facile de l'avenir ne soit trop attrayante? Il faut leur dire qu'ils ont perdu leur foi au progrès, leur foi en l'humanité, leur foi en eux-mêmes, car sans cela de pareilles terreurs n'auraient jamais pénétré dans leur âme. Et comment admettre en effet que celui dont on ne conteste pas, mais dont on redoute seulement la supériorité, puisse entraîner la portion la plus avancée des sociétés humaines dans une abîme de corruption, à moins de proclamer que les sociétés humaines n'ont grandi que pour devenir de plus en plus corruptibles, n'ont secoué le joug de la force brutale que pour passer sous la puissance séductrice de la volupté, n'ont détrôné la supériorité factice de la naissance que pour reconnaître la supériorité plus dangereuse du génie de l'hypocrisie et du sybaritisme? Pour moi, si je suis avec confiance le chef suprême de la religion Saint-Simonienne, c'est que j'ai confiance en mes propres sentiments, en mes propres pensées, en mes propres actes, et confiance dans tout ce qu'il y a de généreux, d'éclairé et de fort dans l'humanité; c'est que les hommes forts, éclairés et généreux, désirent comme moi une morale plus haute, plus pure et plus large que celle du passé, et que dès lors l'homme qui nous apparaît évidemment comme supérieur doit posséder évidemment aussi ce désir à un plus haut degré que nous; c'est que la conscience profonde de la moralité progressive du genre humain nous répond suffisamment de la moralité de ceux qu'il acceptera pour chefs et qui marcheront à sa tête.

Eh! pourquoi craindrais-je d'exprimer ici sans réserve la foi pleine et entière que m'inspire l'homme qui est assis au premier rang parmi nous? parcequ'on parlerait de lui faire une couronne de boue! Mais je n'ai pas coutume, moi, de céder à l'influence des petites passions et des préjugés vulgaires, quand il s'agit de juger qui accomplit de grandes choses. Je vous rappelais tout à l'heure l'histoire de la révolution, pour établir, par l'autorité de l'expérience, que, selon l'expression de Montesquieu, toute société qui semble destinée à périr par la guerre civile est plus vivace que jamais et plus près de conquérir que d'être conquise. Je vous disais que le char du progrès avait alors foulé la plupart de ceux qui, après l'avoir poussé en avant, avaient

I

2

fini par s'effrayer de sa vitesse, et par s'opposer à sa marche. J'ajouterai maintenant que les révolutionnaires qui eurent l'horrible courage de rester debout, fermes et impassibles, sur ce char ensanglanté, jusqu'à l'entier accomplissement de leur mission désorganisatrice, furent long-temps jugés et condamnés sans avoir été entendus ni défendus. On exécrait leur mémoire sans leur tenir compte des nécessités épouvantables qui avaient pesé sur eux, sans examiner s'ils n'avaient pas sauvé la France et la révolution au prix de leur vie et de leur nom.

Eh bien ! ce fut au milieu et sous le règne de ces préventions invétérées que, venant à étudier attentivement le grand drame de 1789 à 1795, il me parut que la physionomie des acteurs avait été odieusement altérée ; et dès lors, peu soucieux des récriminations contemporaines, et tout en faisant une large part de réprobation à la partie sanguinaire du républicanisme impitoyable, je réclamai justice pour l'intelligence supérieure de l'homme d'état, pour le désintéressement du patriote, et j'osai demander au tribunal de la postérité de réviser le jugement rendu par défaut contre Robespierre (1).....

Aujourd'hui ma tâche est plus facile et plus belle. Ce n'est plus pour le courage qui détruit et qui frappe inexorablement, mais pour celui qui fonde et qui donne la vie, que j'ai à rendre témoignage. Ce n'est plus le génie de la destruction, immolant tout ce qui lui résiste, que j'ai à réhabiliter, c'est l'organisateur pacifique répondant par une parole religieuse à une parole insultante ; c'est le digne héritier de Saint-Simon, que mon respect et mon amour vont chercher au milieu des outrages. Ce n'est plus le tribun austère qui mérita sa réputation d'homme de sang parcequ'il avait trempé sa main dans le sang ; ce n'est plus le sacrificateur inflexible qu'il s'agit d'envisager sans effroi et d'apprécier sans passion : toute mon audace se borne à ne pas craindre les éclaboussures de la boue que l'on jette au visage d'un homme que j'ai accepté pour père et auquel on s'efforce vainement de faire un renom d'immoralité sans qu'il ait trempé dans l'immoralité, et à cause même de ses prétentions à

(1) Voir la *Réfutation de Montgaillard*, publiée en 1827, sous le pseudonyme URANELT DE LEUZE.

donner une nouvelle morale supérieure à l'ancienne , à ce monde superstitieux ou incrédule qui l'accuse ou va l'accuser du sein de la débauche et de la dissolution.

Je sais que toute manifestation de sentiments hiérarchiques, respectueux et tendres, est signalée par certains esprits comme une preuve de passivité et de servilisme. Qu'on ne s'y trompe pas cependant: Si ma voix, plus souvent voisine de la rudesse que de la flatterie, se prête aujourd'hui au langage religieux de la piété filiale, c'est qu'elle se sent plus indépendante que jamais ; c'est que le pouvoir suprême à qui s'adressent mes hommages ne s'offre plus à moi sous la vieille forme qui nous fit soupçonner si long-temps de vouloir rétablir la théocratie ; c'est que la direction paternelle sous laquelle nous marchons ne porte plus l'empreinte de l'autorité fondée par Hildebrand et rajeunie théoriquement par de Maistre ; c'est que le chef actuel de la société Saint-Simonienne a justifié les trois siècles de révolte de l'humanité contre toute puissance qui prétendrait classer ou gouverner les hommes sans s'occuper de préparer leur classement par le libre développement des spontanéités. Oui , mon père, si je vous obéis avec amour, avec intelligence et avec force, c'est que vous me commandez avec plus de force, plus d'intelligence et plus d'amour ; c'est que je ne sens jamais mieux ma dignité, que lorsque je trouve du bonheur à vous suivre ; c'est que je ne connais rien de plus libre que la soumission qui est volontaire et spontanée ; c'est que depuis cinq ans que je m'assieds près de vous, et à chacune des crises de la doctrine, lorsque tant d'hommes forts jusque là se retiraient à défaut de vous comprendre, ou se mettaient tardivement à votre suite, je vous ai vu présidant à la transformation religieuse ou à la fondation de la hiérarchie, signaler le progrès là où les autres ne voyaient que le péril et marcher toujours en avant avec le calme sacerdotal et l'inspiration prophétique ; c'est que cette inspiration et ce calme sont devenus plus frappants encore quand la pensée d'un nouvel ordre moral émise par vous a troublé tous les esprits ; c'est que l'espérance n'a jamais brillé si vivement dans vos regards qu'au moment où nos commotions intérieures trompaient le monde sur nos destinées, et répandaient même l'incertitude et le découragement autour de nous ; c'est qu'à vos côtés seuls je puis aujourd'hui me sentir la puissance de ré-

péter encore à ceux qui nous ont crus expirants sous le schisme :
« En dépit de vos sinistres présages , LES HOMMES DE L'AVENIR C'EST
TOUJOURS NOUS ! »

(Les applaudissements qui ont interrompu plusieurs fois le prédi-
cateur se sont prolongés jusqu'à sa sortie de la salle.)

Imprimerie de GIRAUDET, rue Saint-Honoré, n° 315.

www.ingramcontent.com/pod-product-compliance
Lightning Source LLC
Chambersburg PA
CBHW061226090726
47597CB00015B/3442